CONSÉQUENCES

QUI DÉCOULENT INVINCIBLEMENT

D'UNE PAIRIE A VIE,

QUELLE QUE SOIT LA MANIÈRE DONT ON EN COMBINE
LA FORMATION;

PAR LE BARON MASSIAS,

ANCIEN CHARGÉ D'AFFAIRES DE FRANCE PRÈS LA COUR DE BADE,
RÉSIDENT, CONSUL-GÉNÉRAL A DANTZIG.

Ineluctabile fatum.

Aucune institution n'échappe aux conditions
qui lui sont imposées par sa nature.

PRIX : I FR.

A PARIS,

IMPRIMERIE DE FIRMIN DIDOT FRÈRES,

RUE JACOB, N° 24.

1831.

CONSÉQUENCES

INÉVITABLES

DE LA PAIRIE A VIE.

————◦————

En toute chose il faut considérer la fin.

Avant d'exposer les effets de la Pairie à vie, ceux qu'a produits sa simple proposition provoquée par les journaux de l'opposition libérale et absolutiste, ceux qu'a eus le projet présenté par le Ministère à la Chambre des Députés, et ceux qui résulteraient infailliblement de sa réalisation si elle avait lieu, nous ne pouvons nous dispenser d'examiner l'opinion qu'a récemment émise sur ce sujet un publiciste distingué.

Dans une brochure qui se fait remarquer par une grande netteté de style, beaucoup d'esprit et des vues pleines de finesse, M. Fiévée se déclare non-seulement contre la Pairie héréditaire en France, mais encore contre toute espèce de Pairie, cherchant à montrer qu'il est impossible d'en créer une un peu viable, quelque grande que soit l'habileté des Prométhées qui chercheront à l'animer. Cette manière d'attaquer cette

4 CONSÉQUENCES

haute institution est décisive : *Chercher à constituer une Pairie est temps perdu, car chez nous
toute Pairie est impossible.* Comment l'auteur
prouve-t-il cette tranchante assertion ? J'ai lu at-
tentivement sa brochure, et j'ai trouvé que tou-
tes les raisons qu'il donne se réduisent à celle-ci
présentée sous plusieurs faces diverses : On ne
peut faire une Pairie là où il n'y a ni Pairs, ni
aristocratie ; il n'y a en France ni Pairs, ni aristocratie ; ils ne peuvent être improvisés par une
loi, c'est au temps seul à les produire. Écoutons
l'auteur lui-même.

« Ce serait une bien belle chose qu'une Cham-
« bre de Pairs de France, s'il y avait en France
« des Pairs de France (1). » Il est très-vrai que si
en France il y avait des Pairs de France, ce ne
serait pas la peine de les faire Pairs. Mais il s'agit
de savoir si on ne peut pas en créer. En Angleterre tous les Pairs ne sont pas nés Pairs et n'ont
pas été faits par le temps ; tous ne sortent pas
des anciennes familles des conquérants ; tous ne
possèdent pas un revenu plus grand que celui de
certains rois, et n'enferment pas dans leurs parcs
un terrain qui suffirait à nourrir plusieurs villa-
ges. Le roi quelquefois, hors de la race pairesse,
prend soit dans la magistrature, soit dans l'ar-
mée de terre, soit dans celle de mer, soit dans

---

(1) Page 3.

le clergé et où bon lui semble, des hommes re-
commandables par leurs services et leurs talents ;
il leur donne le nom de Pairs, les investit de
l'hérédité, et les voilà *Pairs*, tout de bon Pairs,
véritablement Pairs. Pourquoi le Roi de France
ne pourrait-il faire ce que fait le Roi d'Angleterre ? En France on peut donc faire des Pairs ;
on y peut avec des Pairs faire une Pairie.

« Il n'y a pas de Pairs en France, et l'étoffe
« manquera chaque fois qu'on essaiera d'en
« faire (1). » Il n'y a donc en France ni grandes
fortunes relatives, ni talents, ni hommes qui
aiment à transmettre leurs dignités à leurs en-
fants. Il ne s'agit pas de donner à la France une
Pairie anglaise, laquelle serait une très-mauvaise
importation, s'il faut en croire l'auteur (2), mais
de faire une Pairie française avec les éléments
qu'offre la France.

« Il y a une difficulté qui me paraît insur-
« montable dans l'état positif de notre société,
« c'est que, pour avoir une aristocratie il fau-
« drait d'abord la créer. Je n'en persiste pas
« moins à croire que, pour former un pouvoir,
« il faut que les éléments de ce pouvoir existent
« dans l'ordre social, et que les meilleurs raison-

____

(1) Page 30.

(2) « Trois conditions lui sont indispensables pour se
maintenir : être cupide, sans foi et sans pitié. » Page 24.

« nemements du monde ne peuvent suppléer à
« cette condition (1). » Si une grande fortune,
des talents supérieurs, des noms distingués, des
services éminents rendus au pays constituent
l'aristocratie, comment nier qu'elle existe en
France ? *Pour former un pouvoir, il faut que
les éléments de ce pouvoir existent.* Bien certai-
nement, pour faire un tout il faut en avoir les
parties, et si l'auteur a pu ne pas les apercevoir,
c'est qu'il n'a pas réfléchi avec assez d'attention
sur l'action des facultés humaines et sur le méca-
nisme naturel des sociétés. On peut dire avec
toute vérité que la nature et la société travail-
lent à chaque instant à faire de l'aristocratie :
la première en créant des forts et des habiles,
et des faibles et des inhabiles; la seconde en
reconnaissant et en établissant des supériorités
politiques. « Montrez-moi ce qu'en France vous
« appelez de l'aristocratie; et, si j'en reconnais
« les conditions, j'avouerai qu'on peut la consti-
« tuer comme pouvoir (2). » Montrez-moi, di-
rons-nous à M. Fiévée, une peuplade sauvage,
un peuple, une ville, un village où il n'y ait point
d'aristocratie, et nous consentons à nous ranger
de votre avis.

---

(1) Page 2.
(2) Page 32.

Un fait fondamental que nous avons consigné et développé dans nos ouvrages, et qui n'a pas été contesté, fait qui, s'il eût été reconnu par l'auteur, l'eût mené à des idées et à des conclusions opposées, est celui-ci : Partout ou il y a une agglomération d'hommes quelconque, ils se divisent en peuple, en grands, et ils se donnent un chef. Considère-t-on ce fait comme réel? Dès-lors on ne demande plus s'il y a en France une aristocratie, et ce que *représentent* les trois pouvoirs du Gouvernement constitutionnel; on n'a qu'à s'occuper de la constitution la plus parfaite de ces trois grands rouages qui font mouvoir la machine politique, et à régler dans leur antagonisme, la démocratie, l'aristocratie et la royauté (1).

L'esprit de M. Fiévée, plein de reflets, d'instruction et de sagacité, se complaît aux paradoxes de style et de politique; en voici quelques exemples.

« Aucune société ne marche en avant ou en « arrière, que par les révolutions (2). » Les sociétés avancent aussi ou reculent suivant les bonnes

---

(1) M. Fiévée décide le contraire, mais il n'en fournit pas la preuve. « Il est faux qu'il y ait nécessairement un gouver-« nement de trois pouvoirs. » Page 11.

(2) Page 15.

ou mauvaises institutions; voyez l'Angleterre,
la Prusse, l'Espagne et le Portugal.

« Persuadons-nous bien qu'en France il n'y a
« point d'aristocratie parce qu'il n'y a pas de
« démocratie, et qu'il n'y a pas de démocratie
« parce qu'il n'y a pas d'aristocratie (1). » Cette
phrase est parfaitement symétrique, le cliquetis
en plaît à l'oreille, elle jette des étincelles, il est
dommage que les faits qu'elle énonce soient pré-
cisément le contraire de ce qui existe. Les cinq
millions de propriétaires qui possèdent de deux
à dix arpents de notre belle France, nos ouvriers
qui savent lire, écrire et calculer, y forment une
bonne et nombreuse démocratie; les propriétaires qui possèdent de cinq à cent mille livres
de rente, les chefs d'ateliers, de maisons de
commerce, les banquiers, les capitalistes, les
avocats renommés, les médecins, les littéra-
teurs, les académiciens, y forment aussi une
bonne et nombreuse aristocratie.

« Élu lui-même (le Roi), et non héréditaire,
« puisque l'hérédité royale ne peut renaître que
« par sa mort. » Le roi ne transmet son hérédité par sa mort que parce qu'il est héréditaire
pendant sa vie. C'est une étrange chose que
d'imprimer qu'on n'est propriétaire de ce qu'on

____

(1) Page 28.

possède que lorsqu'on n'existe plus. Louis Philippe est héréditaire parce qu'il a été fait tel et par la Charte et par la volonté de la nation.

Il est temps que je quitte la brochure si attachante de M. Fiévée; je m'aperçois que j'y ai consacré plus de temps que je ne me proposais d'abord, et je crains bien que l'accessoire ne l'emporte sur le fond du sujet dans lequel je vais entrer.

Conséquences inévitables de toute Pairie à vie.

1° Nous venons de voir que M. Fiévée débarrassé de la Pairie, laquelle n'est pour lui qu'une superfétation, met une Chambre unique en face de la Royauté, et provoque la collision de deux pouvoirs rivaux sans les modérer par un pouvoir intermédiaire.

2° Le *Globe* avait pris les devants et conclu très-logiquement à sa manière, de la destruction de l'hérédité dans la Pairie, à la destruction de toute hérédité dans les familles.

3° L'*Avenir* et tous les journaux radicaux et absolutistes délivrés de l'infâme et monstrueux privilége du troisième pouvoir, lequel n'est dans le fond qu'un PRIVILÉGE SOCIAL garant de l'égalité de tous, demandaient, et demandent à grands cris, au nom de l'égalité, l'abolition du cens et le suffrage universel.

4° Le *National* veut, en changeant la Pairie d'héréditaire en viagère, changer la constitution de l'État.

5° Le même journal conclut par induction à l'amovibilité des juges.

6° Le *Courrier* et le *Constitutionnel* demandent que l'article 23 de la Charte qui n'a existé comme partie de notre pacte fondamental qu'après l'acceptation de la Chambre des Pairs et la sanction du Roi, soit revisé sans le concours de la Chambre des Pairs et sans celui du Roi.

7° La *Tribune* passe de la non-hérédité de la Pairie à la non-hérédité du trône.

8° M. de Cormenin déclarant nuls son mandat et celui de ses collègues, veut, en vertu de ce mandat, que la Charte soit revisée, que les assemblées primaires soient convoquées, et que le passe-temps nous soit donné de l'interrègne des lois. Jamais on ne professa plus hautement une confiance plus étendue dans la retenue, le calme et la prudence du peuple français Roi, sans abuser, pendant plusieurs semaines.

9° La *Revue encyclopédique* a imaginé de remplacer la Chambre des Pairs par le ministère qui deviendrait ainsi un des trois pouvoirs de l'État, et qui serait l'égal de la royauté, sous les ordres de laquelle il serait néanmoins censé agir. Le Roi ne serait qu'un fonctionnaire punissable, s'il s'acquittait mal de ses fonctions.

10° Pour renverser par sa base une haute institution, pour trouver les démolisseurs dans ceux même qui étaient intéressés à la maintenir, il fallait de l'habileté; aussi a-t-on cherché à obtenir des engagements spéciaux anticipés, comme s'il pouvait y en avoir de valables contre la raison, la conscience, le bien public et la volonté générale.

11° Par suite de tant de clameurs bien propres à jeter inquiétude en des esprits peu exercés aux matières politiques, et des passions soulevées contre la Pairie héréditaire, le Ministère a été placé dans la déplorable et inévitable alternative, ou de se mettre en opposition avec une grande partie de la Chambre des Députés et des corps électoraux, de dépopulariser la royauté, et peut-être d'exciter des troubles dangereux; ou de sacrifier sa propre opinion aux exigences de la politique, et de ne pas donner à la nation une loi qu'elle ne pouvait porter pour le moment, en appelant néanmoins du peuple entraîné par d'irritants sophismes, au peuple plus calme et mieux informé.

12° Supposons maintenant la Pairie viagère substituée à la Pairie héréditaire : ou les Pairs seront nommés directement par le Roi, et alors par excès de zèle pour la liberté, vous aurez fourni à la royauté le meilleur des moyens de se changer en despotisme.

13° Ou les Pairs non héréditaires seront nommés par les Chambres, et alors vous aurez deux Chambres électives au lieu d'une, vous aurez donné un bras de plus au géant populaire.

14° Ou les Pairs seront choisis par le Roi sur une liste présentée par la Chambre des Députés ou par les corps électoraux ; et voici ce qui arrivera. Si les listes contiennent quelques noms illustres accolés à dessein à plusieurs noms insignifiants, la main est forcée au Roi, et c'est la Chambre ou les corps électoraux qui nomment ; si les listes sont consciencieusement faites, c'est comme si le Roi choisissait directement, puisqu'il ne tiendra qu'à lui de faire ses conditions pour le choix.

15° Soit que la puissance royale, soit que la puissance électorale fasse tous les ans des Pairs, elle se sentira le droit de défaire ce qu'elle aura fait ; ils ne peuvent être émancipés que par l'hérédité. D'ailleurs, les passions démocratiques étant héréditaires, et l'action envahissante de la royauté étant héréditaire, elles ne peuvent être contenues que par une sagesse et une force antagoniste également héréditaires.

16° Toute institution, produit de l'élection,

prend l'esprit de ceux qui en ont nommé les membres, royaliste ou démocratique, suivant qu'elle a été faite par la Chambre des Députés ou par le Roi. Une institution est-elle le produit de la nature et des chances de la naissance, elle n'appartient qu'à elle-même, et à la force des choses qui rend siens les intérêts généraux.

17° Composée de Pairs viagers, votre Pairie ne tiendra ni au passé ni à l'avenir, et n'aura l'instinct ni de sa propre conservation, ni celui de la conservation de nos institutions.

18° Les nominations fréquentes tiendront sans cesse en éveil l'intrigue et l'ambition.

19° Il suffira à vos Pairs éphémères que votre Pairie dure autant qu'eux.

20° Ce n'est que par exception qu'ils ne se mettront pas à la disposition de l'ambition puissante qui leur proposera d'enrichir et d'honorer leurs familles.

21° On ne peut prétendre que des Pairs abandonnent pendant toute leur vie leurs affaires et celles de leurs familles, pour s'occuper sans aucun dédommagement de celles de la France : il faudra les payer.

22° Pour les aider à vivre un peu honorablement à Paris, vous ne pouvez assigner à chacun moins de dix mille francs par an. Supposez-les au nombre de trois cents, voilà le budget augmenté de trois millions.

23° Les Pairs une fois payés, les circonstances vous forceront aussi à payer MM. les Députés; le budget sera surchargé de trois autres millions.

24° Que votre Pairie soldée et éphémère répugne à quelques hommes d'un esprit et d'un caractère susceptible et élevé, qu'ils refusent d'en faire partie, elle va devenir la proie de la bassesse et de la cupidité, et notre noble France sera avilie dans la personne de ses plus hauts dignitaires. *Di meliora !*

Si le simple projet de l'abolition de l'hérédité dans la Pairie a fait mettre en question la légitimité d'une Pairie quelconque, de l'hérédité dans la Royauté, de la Charte de 1830, de la Chambre des Députés, des Corps électoraux, de la nécessité d'un cens, de l'inamovibilité des juges, du droit de disposer de ce qu'on a gagné par son travail, et de celui d'hériter de son père; ce projet étant irrévocablement adopté, qui peut deviner ce qu'on ne mettrait pas en question?

M. de Mosbourg, député du Lot, vient de présenter un projet de constitution de la Pairie à vie, fondé sur les bases que nous avons indiquées dans notre aphorisme 39[c], et dont nous avons signalé les inconvénients intrinsèques dans l'aphorisme 32ᵉ et suivants jusqu'au 54ᵉ. Si, hors de l'hérédité, il y avait un moyen de constituer une Chambre de Pairs digne, forte, stable, ce moyen, à coup sûr, serait depuis long-temps trouvé. « De la liberté, dit M. Fiévée, considérée « d'une manière générale, il y en a dans les es- « prits de quoi mettre chaque année vingt cou- « ronnes en poussière; mais des institutions qui « préviennent ces terribles catastrophes, le pays « en manque. » Et vous ébranlez ou détruisez une institution éprouvée et fondamentale !

En vertu de l'article 26 de la Charte, M. de Mosbourg a établi dans son projet que les princes du sang seraient Pairs par droit de nais-sance. Mais l'article 24 porte : « Les Pairs ont « entrée dans la Chambre à vingt-cinq ans, et « voix délibérative à trente ans seulement. » Nous le demandons à la conscience de mes-sieurs les Députés, cet article est-il applicable à d'autres qu'aux fils des Pairs qui n'ont pas atteint l'âge de 25 ou 30 ans, lorsque leurs pères meurent? La Charte veut donc l'hérédité dans la Pairie.

L'expérience et la raison ont montré que les juges qui ont à prononcer sur la vie et la for-tune des citoyens, doivent être investis de l'ina-movibilité pour qu'ils ne puissent être soumis à des influences étrangères, et que l'indépendance de leurs jugements soit assurée.; l'expérience et la raison ne montrent pas moins évidemment que des Pairs qui entrent pour un tiers dans la confection des lois, qui modèrent le pouvoir monarchique et le pouvoir démocratique, et à qui sont réservés les jugements des crimes contre l'État, ne peuvent tirer que de l'hérédité la force et l'indépendance qui leur sont nécessaires.

Cette hérédité n'est ni *féodale* ni de *droit divin;* elle est un fait politique introduit dans la société comme l'hérédité royale et l'inamovibilité des juges. Les Pairs héréditaires sont Pairs par LA GRACE DE LA LOI, qui les fait tels en vue de la stabilité de nos institutions. En statuant qu'ils seront choisis dans tous les départements, parmi les citoyens les plus distingués, la Chambre des Députés peut faire de la nouvelle Pairie LE SYMBOLE LE PLUS ÉCLATANT DE L'ÉGALITÉ POLITIQUE ET CIVILE DE LA FRANCE.

Paris, 4 Septembre 1831.